Colección LECT

Lecturas de Español son historias interesantes, breves y llenas de información sobre la lengua y la cultura de España e Hispanoamérica. Con ellas puedes divertirte y al mismo tiempo aumentar tus conocimientos. Existen seis niveles de lecturas (elemental I y II, intermedio I y II y superior I y II), así que te resultará fácil seleccionar una historia adecuada para ti.

En *Lecturas de Español* encontrarás:
- temas e historias variadas y originales,
- notas de cultura y vocabulario,
- ejercicios interesantes sobre la gramática y las notas de cada lectura,
- la posibilidad de compartir tu lectura con otros estudiantes.

NIVEL ELEMENTAL - II

El secreto de Diana

Coordinadores de la colección:
Abel A. Murcia Soriano (Instituto Cervantes. Cracovia)
José Luis Ocasar Ariza (Universidad Complutense de Madrid)

Autora del texto:
Luisa Rodríguez Sordo

Explotación didáctica:
Luisa Rodríguez Sordo

Maquetación:
Ana M.ª Gil Gómez

Ilustración:
Carlos Yllana

Diseño de la cubierta:
Carlos Casado Osuna

Diseño de la colección:
Antonio Arias Manjarín

© Editorial Edinumen, 2009
© Luisa Rodríguez Sordo
© Abel A. Murcia Soriano
© José Luis Ocasar Ariza

ISBN: 978-84-9848-128-0
Depósito Legal: M-7932-2009

Editorial Edinumen
José Celestino Mutis, 4 - 28028 Madrid (España)
Tlf.: 91 308 51 42 / Fax: 91 319 93 09
E-mail: edinumen@edinumen.es

Imprime: Gráficas Glodami. Coslada (Madrid)

El secreto de Diana

Luisa Rodríguez Sordo

ANTES DE EMPEZAR A LEER

1. Mira la fotografía y elige las opciones que te parecen adecuadas. Luego, comenta la opción C con tus compañeros.

   a. Las personas de la fotografía son...
   - los abuelos con los nietos.
   - los cuñados con los suegros.
   - los padres con los hijos.
   - los padrinos con los primos.

   b. Han hecho esta fotografía en...
   - carnaval.
   - cualquier época del año.
   - Navidad.
   - Semana Santa.

   c. En tu opinión, estas personas...
   - están locas.
   - forman una familia.
   - son deliciosas.
   - son unos gamberros.

2. Encuentra el nombre de profesiones en la siguiente lista.

☐ albañil	☐ carpintero
☐ alcalde	☐ farmacéutico
☐ chalet adosado	☐ tejado
☐ arquitecto	☐ urbanización
☐ caballero	☐ químico

3. Lee este texto y elige las frases verdaderas (V) y falsas (F), como en el ejemplo.

Diana tiene un secreto. Es un secreto que a veces le da miedo y a veces le divierte, pero es un secreto muy grande.

Diana tiene doce años y vive con sus padrinos, Leda y Godric, en un pequeño pueblo del centro de España que se llama Aldeanuela. Los tres son extranjeros; han venido de un país del norte de Europa. El padrino de Diana trabaja en este pueblo. Algunas personas de Aldeanuela piensan que Diana es una chica muy seria, pero sus amigos dicen que es muy divertida.

Los mejores amigos de Diana se llaman Alia, Pedro y Dimas; los cuatro se conocen desde que van al colegio y están casi siempre juntos. La mamá de Alia es profesora de Música, pero a la chica le gustan más la pintura y el arte; además, Alia pinta muy bien. Pedro es el hijo menor del farmacéutico; le gusta mucho leer y, por eso, sabe muchas cosas. Dimas es un chico inteligente y divertido, pero muchas veces está triste porque sus padres trabajan mucho y están muy poco tiempo con él.

La madrina, Leda, le ha dicho a Diana que no cuente su secreto a nadie porque puede ser peligroso para ella y para muchas otras personas, y Diana no se lo dice a nadie. Sus amigos tampoco saben nada.

	V	F
a. Hay una cosa que Diana no cuenta a nadie.	✗	
b. Diana vive con sus padres en un pueblo del sur de España.		
c. Diana, Leda y Godric son de un país europeo.		
d. Todo el mundo dice que Diana es una chica muy seria.		
e. Diana ha conocido a sus amigos en el colegio.		
f. A Diana le gusta mucho hacer deporte.		
g. Alia sabe muchas cosas sobre pintura.		

	V	F

h. A Pedro le gusta mucho hacer trabajos manuales.

i. Dimas es el mejor amigo de Diana.

j. Los padres de Diana conocen el secreto de su hija.

Vuelve a leer el texto. ¿Hay palabras que no conoces? Búscalas en tu diccionario.

4. Antes de empezar a leer la historia vamos a pensar en unas cuestiones gramaticales.

   a. Lee el texto y fíjate en las palabras resaltadas en negrita. Luego, contesta las preguntas:

> ALIA: Hace unos días que Pedro no viene a clase porque está enfermo. Vamos a su casa, seguro que **le** gusta vernos. Podemos decir**le** las cosas que ha explicado hoy el profesor de Tecnología. ¡**Le** gustan tanto las manualidades!

   1. ¿A quién se refiere el pronombre **le**? ¿A Pedro o a Alia? ....

   2. ¿Qué otros pronombres usamos para referirnos a mí, a ti, a ella...? Escríbelos.

   .... (a mí), ... (a ti), ... (a ella), ... (a nosotros), ... (a vosotros), ... (a ellos / a ellas), ... (a usted), ... (a ustedes).

   b. Lee los textos y fíjate en las palabras resaltadas en negrita. Luego, contesta las preguntas:

   1. Cuando los chicos están cerca de la casa de Diana, pasa alguien muy rápidamente en bicicleta a su lado. Casi **los** atropella.

   ¿A qué o a quiénes se refiere **los**? ....

2.

> GODRIC: ¡Mira, Diana, qué trucha tan grande ha pescado Dimas! ¡Hazle una foto!
>
> DIANA: ¡Uy, sí! ¡Qué grande es! Ahora **la** hago.

¿A qué se refiere **la**? ¿A la fotografía o a la trucha? ....

3.

> PEDRO: Antonia, ¿qué está usted haciendo ahí?
>
> ANTONIA: Estoy quitando el polvo. Esta mañana no he podido hacer**lo**.

¿A qué se refiere **lo**, al polvo o a la acción de quitar el polvo? ....

1

Suena un largo timbre en el **instituto** del pueblo de Aldeanuela. Hoy es viernes y han terminado las clases de la semana. Poco a poco, los chicos salen por la puerta principal y muchos se quedan un rato para hablar en la acera con los amigos.

– ¡No me gustan las clases de inglés! –dice uno de ellos–. ¡No entiendo nada!

– Es que te pones nervioso porque la profesora nos habla siempre en inglés, Dimas. Pero si escuchas tranquilo, te vas a divertir –dice Alia–. La profesora es muy buena.

– Si queréis –dice Diana–, esta tarde podéis venir a mi casa y hacemos los deberes allí. Mi **madrina** habla inglés muy bien y puede ayudarnos.

– ¡Qué suerte tenéis! Tu mamá, Alia, es profesora.

– ¡Pero de Música!

– Sí, claro, de Música, pero es profesora y te ayuda. Y tu madrina, Diana, sabe muchísimas cosas, y también te ayuda. Pero mis padres…

– Es que tus padres trabajan todo el día. Están cansados cuando llegan a casa –dice Diana–. Por eso

instituto: Instituto de Enseñanza Secundaria. Lugar donde los alumnos oficiales de España estudian los cursos anteriores a la Universidad.

madrina: la madrina y el padrino, los padrinos, son las personas que tienen al niño en la iglesia cuando se hace católico. Tradicionalmente, se dice que los padrinos educan a los niños cuando no están los padres.

varicela: enfermedad contagiosa que pasamos generalmente cuando somos niños y se caracteriza porque salen en la piel muchas manchas rojas y granos.

profe: muchas veces, los alumnos de los colegios e institutos llaman así al profesor o a la profesora.

manualidades: trabajo que se hace con las manos en algunas asignaturas.

disfraces: vestidos de máscara para algunas fiestas, especialmente en carnaval.

te digo que mi madrina nos puede ayudar a estudiar inglés a los tres.

– Pero antes vamos a ver a Pedro, ¿no? Tiene **varicela** y hace tres días que no viene a clase –dice Alia.

– ¡Uy! Sí, pobre. ¡Seguro que le pica todo el cuerpo!

– Si le hablamos de otras cosas, a lo mejor no piensa en su enfermedad. Podemos decirle lo que ha explicado hoy en clase el **profe** de Tecnología. Seguro que quiere conocer las características de la madera, ¡le gustan tanto las **manualidades**!

– Tú, Diana –dice Alia–, siempre quieres hablar de cosas serias.

– Porque tenemos que aprender muchas cosas.

– Sí, pero hoy es viernes y también podemos descansar. Además, pronto es carnaval y todavía no sabemos cómo nos vamos a vestir para el concurso. Todo el mundo está preparando ya sus **disfraces**. ¡Este año no nos dan el premio!

– Bueno, vale, esta tarde hablamos del carnaval. ¡Pero mañana estudiamos! –dice Diana.

Los tres chicos se despiden de algunos compañeros que están todavía en la puerta del instituto y empiezan a andar. Siguen hablando mientras caminan por las calles del pequeño pueblo castellano.

Pasan por calles estrechas llenas de casas antiguas. Cruzan la plaza Mayor y, como siempre, miran el antiguo reloj de sol. Dejan atrás la farmacia de los padres de Pedro. Pasan delante de la iglesia de San Juan, pero hoy no miran sus medievales piedras románicas porque está empezando a llover.

Llegan a una pequeña urbanización moderna que está fuera del pueblo. Alia se despide de sus amigos, busca el chalet adosado en el que vive con su familia y llama a la puerta.

Diana y Dimas siguen andando un poco más, hasta la entrada de un bosque en el que hay un cartel que dice: "Propiedad privada. Prohibido el paso". Allí vive Diana con sus padrinos; en una casa de piedra, grande y cómoda, que está dentro del bosque.

Diana está invitando a comer a su amigo Dimas, que vive un poco más lejos, cuando alguien pasa en bicicleta muy rápidamente a su lado. Casi los atropella.

– ¡Qué loco! –dice Dimas–. ¡Por aquí no se puede ir tan rápido!

– ¿De dónde ha salido? ¿Ha salido de mi casa?

– ¿De tu casa? Pues sí, es probable… Pero no sé. ¡Es que ha sido **visto y no visto**!

– ¿Y tú sabes quién es?

– No. Lleva un **casco** que le tapa toda la cara.

– Sí, yo también lo he visto. ¡Qué raro!...

Suena el teléfono móvil de Diana. Es Leda, su madrina.

– ¿Leda?

– Diana, ¿dónde estás ahora?

– En la entrada del bosque.

– ¿Ha pasado alguien en bici por ahí?

– Sí. Hace un momento. Lleva un casco negro con algo rojo y…

visto y no visto: ha llegado y se ha marchado muy rápidamente.

casco: pieza que cubre y protege la cabeza.

tipo: persona extraña.

huella: marca de algo que queda en un sitio.

rueda: objeto de forma circular y que puede girar sobre su centro.

– Ese **tipo** ha dado varias vueltas a la casa y me parece que también ha estado en la torre de nuestro bosque. Todavía no sé quién es. Estoy investigando... Oye, ¿puedes hacer una foto con la cámara de tu teléfono? El suelo está mojado y seguro que hay **huellas** de la bicicleta en el suelo. Haz una foto del dibujo de las **ruedas** de la bici, ¿vale?

– Sí, sí, ahora la hago. Oye, Leda, he invitado a Dimas a comer.

– Está bien. Pero vais a estar vosotros dos solos. Yo tengo trabajo. Tenemos que saber quién ha estado en nuestro bosque y qué quiere.

– Ya, claro... Te entiendo. Oye, ¿hay algo preparado para comer o hago unos filetes a la plancha?

– Hay cordero asado en el horno. Solo tenéis que hacer una ensalada. De postre, hay yogur de chocolate, flan o fruta.

– De acuerdo. Bueno, pues hago la foto y vamos para allí.

Un rato después, los chicos llegan corriendo a la casa de Leda.

– ¡Uf! ¡Cómo llueve ahora! Seguro que la lluvia borra las huellas de la bici –dice Dimas.

– Sí, pero yo he hecho la foto que me ha pedido Leda. El dibujo ha salido muy claro. Mira, la rueda parece nueva... ¿Tú sabes si alguien ha comprado una bici hace poco en el pueblo?

2

En Aldeanuela solo hay dos pequeños supermercados, una carnicería, una frutería, dos zapaterías, algunas tiendas de ropa, una panadería, siete bares y dos discotecas; pero no es un pueblo pequeño. Es un gran pueblo porque tiene muchas tradiciones. Las fiestas son muy antiguas y divertidas.

El carnaval, por ejemplo, es muy conocido en toda la región; viene gente de todas partes para verlo. A veces, viene la televisión y luego lo ve toda España.

En carnaval, toda la gente del pueblo se pone trajes de otras épocas o se viste de animal o de cosas extrañas. Todos se tapan la cara por completo, cambian la voz, la manera de andar... Por unas horas, son otras personas, otras cosas; y muchos se presentan a los concursos que organizan el Ayuntamiento, el colegio, el instituto o las discotecas.

Los últimos años, Diana y sus amigos han ganado el concurso de disfraces del colegio. Pero ahora están en el instituto, porque ya tienen doce años, y tienen que competir con chicos mayores. ¡Ellos solo tienen doce años y sus compañeros pueden tener dieciocho! Pero van a competir con ellos. Tienen imaginación y saben hacer las cosas bien.

Este viernes, después de comer, los chicos se han reunido en casa de Pedro para hablar del carnaval. El chico sigue en la cama, pero ya no tiene fiebre.

– ¿Y si nos disfrazamos de "museo"? –dice Pedro.

– ¿De "museo"? ¿Pero cómo? –dice Alia.

– Pues hacemos marcos de madera muy grandes y nosotros somos las personas del cuadro.

El caballero de la mano en el pecho, de El Greco: famoso cuadro del pintor El *Greco*, del s. *XVI.* En este cuadro, un hombre vestido de negro, con el cuello y el puño blanco, mira de frente y tiene su mano derecha sobre el pecho.

estatua: figura hecha en piedra o en otro material duro que representa a un modelo.

La Dama de Elche: escultura de una mujer, del s. *III* antes de Cristo. Solo tiene la cabeza y el pecho. Tiene un peinado y unos collares muy especiales.

– O de los cuadros, porque yo quiero ser *El caballero de la mano en el pecho,* de **El Greco**. Me pongo una camisa negra y meto la mano por aquí –dice Dimas metiendo su mano entre dos botones de la camisa.

– No tiene la mano metida en la camisa, la tiene sobre el pecho. Así –dice Alia poniendo su mano abierta sobre el pecho.

– Pero, también podemos ser **estatuas**, ¿no?, porque en los museos también las hay y yo quiero ser *La Dama de Elche* –dice Diana cerrando un poco los ojos–, y...

– ¡Sssschiss! Calla, Diana –dice Alia en voz baja–. Oye, Pedro, la señora que limpia tu casa está ahí quitando el polvo. ¿Eso es normal a esta hora?

– No, no. No es normal... ¡Antonia! –dice Pedro en voz alta a una señora de unos cincuenta años que está al fondo de la habitación–. ¿Está usted haciendo algo importante?

– ¿Me llama usted a mí? –contesta ella.

– Sí. ¿Qué está haciendo ahí?

– Pues estoy quitando el polvo. Esta mañana no he podido hacerlo.

– ¿Puede traernos unos zumos y unos pasteles de chocolate? Mis amigos y yo tenemos hambre.

Cuando Antonia trae las cosas que le ha pedido Pedro, el chico le dice que puede irse ya a su casa... Un rato después, los cuatro amigos se quedan solos. Empiezan a hablar otra vez animadamente.

ESO: Educación Secundaria Obligatoria. Se estudia cuarto de la ESO con 15 ó 16 años de edad.

cotilla: persona que quiere conocer la vida privada de otras personas para contárselo a todo el mundo.

planes: intención de hacer algo.

caballeros y damas medievales : hombres y mujeres de las clases sociales altas en la Edad Media. Probablemente, Pedro se refiere aquí a los del siglo *XII.*

jurado: grupo de personas que dan los premios en un concurso.

– Yo creo que Antonia ha estado escuchando nuestros planes para el carnaval –dice Pedro con rabia–. Ella tiene una hija que va al instituto, a cuarto de la **ESO**. ¡Seguro que quiere saber cómo nos vamos a disfrazar nosotros!

– Sí, es muy probable –dice Diana–. Y además, esta mujer tiene fama de **cotilla**. Me lo ha dicho Leda. ¡Y le va a contar a todo el mundo nuestros **planes**! Creo que tenemos que pensar en otro disfraz para este carnaval.

– ¿Y qué hacemos? –dice Dimas.

– ¡Podemos disfrazarnos de **caballeros** y **damas** medievales! –dice Pedro después de un rato–. Formamos parejas y, cuando lleguemos delante del **jurado**, ponemos música medieval y bailamos.

– Me parece un disfraz muy bonito con seis o siete parejas –dice Alia–. Pero nosotros somos pocos y ya es tarde para decírselo a nuestros amigos. Ya están en otros grupos. Me parece que es mejor hacer este disfraz el año que viene, con más gente.

– Vale –dice Pedro–. Pero este año, ¿qué hacemos?

– Hemos hablado de dos cosas que podemos unir –dice Diana–. La idea del museo me parece buena y la de los caballeros medievales también.

Entonces, podemos hacer un cuadro con gente de la época medieval. Pero si hacemos este disfraz, vamos a necesitar una **carroza de carnaval**.

– ¡La podemos hacer! –dice Pedro–. Solo necesitamos una tabla grande y fuerte, cuatro o seis ruedas...

– ¡Y tiempo! –le interrumpe Dimas–. Ya estamos a 18 de enero. Solo quedan diecisiete días para el carnaval y no vamos a tener tiempo para hacer la carroza, los trajes y todas las cosas necesarias.

– Mis padrinos tienen una carroza del año pasado –le interrumpe Diana– y ellos no la van a usar este año. No piensan participar en el carnaval.

– ¿Y tú crees que nos la pueden prestar? –dice Alia.

– Seguro –dice Diana–. Pero la tenemos que arreglar. Está un poco rota.

– ¡Yo puedo arreglarla! –dice Pedro.

– Te encantan los trabajos manuales, Pedro –dice Alia mirándolo con cariño–. Pero es mucho trabajo para ti solo. Te podemos ayudar.

– ¡Claro! Lo hacemos entre todos –dice Dimas–. Y otra cosa: una carroza no puede andar sola. Necesitamos algo para llevarla.

– La gente mayor usa tractores o coches –dice Pedro–. Pero nosotros no sabemos conducir.

– Yo tengo caballos que pueden llevar la carroza –dice Diana–. Puede quedar bonito.

– ¡Qué buena idea! –dice Alia.

– ¡Sí! –dicen Dimas y Pedro.

– Pues entonces, los caballos llevan la carroza –dice Diana–. Yo los conduzco, porque a mí me conocen bien. Me visto como el criado de un caballero, ¿vale?

– Y nosotros vamos en la carroza –dice Dimas–. Somos... Oye, ¿cómo son los cuadros de la Edad Media?

– Son muy sencillos –dice Alia–. Tienen iglesias, santos...

– Yo he visto uno que me ha gustado mucho –dice Diana–. Hay una iglesia románica en el centro, pero está sin terminar; todavía no tiene tejado. A la izquierda hay un rey con monedas y joyas en las manos, porque es la persona que ha dado el dinero para construirla. A la derecha está el arquitecto de la iglesia, con un plano en la mano. Y delante de la iglesia hay albañiles que están trabajando piedras para una pared de la iglesia.

– ¡Me gusta! –dice Pedro.

– ¡Y a mí! –dicen Alia y Dimas.

– ¿Hacemos este cuadro entonces? –pregunta Diana.

– ¡Sí! –dicen los tres con entusiasmo.

– ¡Yo soy un albañil! –dice Pedro–. Y estoy trabajando una piedra sentado en el suelo de la carroza. ¿Os parece bien?

– ¡Yo soy el arquitecto! –dice Dimas–. Tengo el plano abierto entre las dos manos y se lo enseño a la gente.

– Pues entonces... ¡Yo soy la señora que da dinero para construir la iglesia! ¡Soy una reina! –dice

Alia–. Llevo un vestido largo muy bonito, tengo una caja en la mano con monedas y joyas...

– ¿Y vamos a poner una iglesia en la carroza? Es un poco difícil construirla –dice Diana.

– Sí –dice Pedro–. Puede ser como nuestra iglesia de San Juan, ¿no? Es del siglo *XII*.

– Vale –dice Dimas–. Hacemos la iglesia de San Juan cuando la están construyendo. Pero, ¿cómo la hacemos?

– Ahora no lo sé. Lo pienso este fin de semana y el lunes os digo lo que he pensado.

– Bueno, pues ahora empieza el trabajo –dice Diana–. Tenemos que buscar información sobre la época, buscar los planos de la iglesia, hacer trajes...

entusiasmado: que siente un gran interés hacia algo.

Los cuatro chicos están **entusiasmados**. Utilizan el ordenador de Pedro para buscar información en Internet. Miran enciclopedias, hablan, discuten y ríen.

Fuera, en la oscuridad de la noche, dos personas se esconden en la sombra y miran la luz encendida de la habitación de Pedro.

3

El bosque que rodea la casa de Diana es pequeño, pero sus árboles son grandes y están muy juntos. Alrededor del bosque hay una pared alta que tiene una puerta. Entre esta entrada y la casa hay una pequeña carretera; por ella entran los coches y también las personas.

La casa tiene dos plantas y un sótano. En la planta baja hay tres habitaciones, una biblioteca, un salón–comedor, tres baños y una cocina. Arriba hay dos habitaciones y un baño; una de las habitaciones es muy grande y está llena de ordenadores. Abajo está el garaje y hay un cuarto lleno de cosas.

Detrás de la casa hay una pequeña iglesia muy antigua. Es medieval, de la misma época que la iglesia de San Juan, pero no está completa. Es casi redonda y tiene algunas paredes rotas. Tiene ventanas pequeñas y tres puertas abiertas a tres puntos cardinales: Este, Oeste y Sur. Delante de la gente, Leda y sus padrinos llaman a esta iglesia "la torre"; entre ellos, la llaman "la Puerta del Tiempo".

Detrás de la iglesia, hay un río de montaña, con aguas que corren rápidamente. El río rodea el bosque.

Antes de pasar por el bosque, en el río hay una piscifactoría. La piscifactoría es de los padres de Dimas, que viven muy cerca de allí. Godric, el padrino de Diana, trabaja en la piscifactoría. Es químico.

Diana y sus padrinos son extranjeros, de un país del norte de Europa. Los tres han venido a Aldeanuela hace más de once años y hablan muy bien español; parecen españoles. Los padrinos son muy amables con la gente del pueblo y siguen sus costumbres, pero no tienen grandes amigos. Solamente están mucho tiempo con los padres de Dimas. Por eso, los dos chicos son muy amigos.

Leda solo va al pueblo cuando es necesario: para hacer compras, para hablar con alguien, para participar en alguna fiesta. A veces, no la ve nadie en varias semanas. Ella trabaja en casa con sus ordenadores. Con ellos también vigila la seguridad de la casa y de la iglesia que está detrás.

La iglesia es muy importante para ellos porque allí hay un secreto que no se puede contar. El secreto es muy grande y no lo conoce nadie, nadie. Los padres de Dimas no lo conocen tampoco.

Hoy los ordenadores de Leda han dicho que alguien ha estado en la iglesia y también cerca de la casa. Esta persona ha roto la puerta de entrada y se ha ido en bicicleta. Ahora Leda tiene una idea de lo que ha pasado, pero ha tenido que trabajar mucho todo el día.

El trabajo de Leda ha sido eficaz. La puerta de entrada ya está arreglada, ahora es más segura. También ha llamado por teléfono a Diana para decirle que va a ir a buscarla en coche. Ha decidido llevar también a los amigos de la chica a sus casas. La persona que ha estado hoy en su casa puede ser peligrosa.

4

Después de cenar, los padrinos hablan siempre con Diana un rato. Comentan las cosas que han hecho durante el día, hablan de proyectos, se cuentan cosas. El tema de conversación más importante de hoy es el carnaval de este año.

Los padrinos han escuchado el proyecto del disfraz que Diana ha empezado a preparar con sus amigos. Han visto que a Diana le gusta mucho este proyecto, ¡está entusiasmada! A ellos, también les parece un disfraz interesante. Por eso, han decidido ayudarla, a ella y a sus amigos.

– Entonces, Diana, tú llevas los caballos –dice Godric.

– ¡Sí! –dice Diana con mucho entusiasmo.

– ¿Y vais a vestirlos? –dice Leda mirando a Godric.

– ¿Vestir a los caballos? Es una buena idea, pero es difícil. Además, no tenemos tiempo. El carnaval es ya dentro de dos semanas.

– Conozco, y tú también, la forma de hacer esos "vestidos" rápidamente. ¿No es así, Leda?

– Es verdad, sí. Y también se puede encargar un

traje de criado de caballero para ti, Diana. Tiene que ser un traje de chico, claro.

– Eso... ¿se puede hacer? Quiero decir... ¿está permitido para... para hacer un... un disfraz?

– Bueno, tú ya vas a cumplir trece años y eres responsable. Sabemos que no vas a hablar de esto con nadie y que no vas a usar la puerta del tiempo para jugar –dice Leda.

– ¡Ay! Muchas veces tengo ganas de hablarle a Dimas de la puerta del tiempo.

– Ya sabes que no debes hacerlo. Quizás, en el futuro... –dice Godric.

– Además, no me va a creer. ¿Quién puede creer, en este pueblo, que se puede viajar en el tiempo?

– Bueno, tú todavía no sabes hacer sola estos viajes. Aún tienes que ir con nosotros. Necesitas practicar y esta experiencia va a ser buena para ti –dice Leda.

– Leda, ¿qué te parece si voy yo antes y encargo las cosas que vamos a comprar? –dice Godric.

– ¡Fantástico! –dice Leda–. Sabemos que hay que ir al siglo *XII.* ¿Qué os parece si vamos a Aldeanuela en el siglo *XII?* Es un pueblo con mucha vida en esa época.

– Muy bien.

– Pero, ¿qué año elegimos?

– Mediados de siglo, 1150 ó 1160 –dice Godric–. Es cuando se está construyendo la iglesia de San Juan...

– ¡Pues 1162! –dice Leda–. Es cuando **Fernando II**

Fernando II de León: rey de León en el s. *XII.* En ese tiempo, en España había varios reinos: León, Castilla, Aragón...

de **León** ataca Aldeanuela con su ejército. Ellos no le esperan. Podemos decírselo...

– Entonces, 1162 –dice Godric–. ¡Febrero de 1162 está bien! ¡Muy bien!... Mañana, que es sábado y no tengo que trabajar en la piscifactoría, voy allí. ¿Qué tengo que encargar?

– Pues, una piedra como las que se ponen en las iglesias de esta época –dice Diana– porque Pedro no sabe cómo encontrar una... Pero la piedra tiene que estar sin terminar, ¿eh? Así, Pedro la está terminando mientras hacemos el desfile en el patio del instituto el día del concurso.

– Muy bien, pero imagino que también necesita las cosas necesarias para terminarla, como un martillo y... –dice Godric.

– Sí, sí, sí. Eso también, sí –dice Diana–. Y un traje de arquitecto para Dimas.

– Estoy pensando que, para ti, voy a traer dos trajes de criado... La semana que viene vamos a ir allí nosotros tres, y tú vas a vestirte de criado. Es mejor. En esta época, los chicos son más libres que las chicas para andar solos por la calle.

– Sí. ¡Piensa que no nos vamos a las tierras de **Leonor de Aquitania**! Allí las mujeres sí eran más libres...". Por cierto, Godric, ¿vas a llevarte mañana tu traje de **caballero templario**? –dice Leda.

– Sí. Y también me llevo un caballo. Creo que me voy a llevar a *Nieve*. Es bueno ese caballo –dice Godric.

– Y también es precioso. ¡Y muy obediente! Ten cuidado con él, ¿eh, Godric? –dice Diana.

– No te preocupes, Diana. Ya sé que *Nieve* es tu ca-

Leonor de Aquitania: reina de Francia y luego de Inglaterra. Era guapa y tenía mucho poder. Vivió entre 1122 y 1204.
templario: caballero de la orden del Temple, que duró de 1119 a 1312. Era una Orden muy poderosa y rica.

ballo preferido, pero te lo voy a cuidar bien –dice Godric.

– ¿Y cuándo vas a volver, Godric? –pregunta Leda.

– Pues el sábado por la noche o el lunes por la mañana. Quiero tener un poco de tiempo para mirar bien el lugar porque... ¡Luego vais a ir vosotras dos y quiero estar seguro de que no vais a tener ningún problema!

– Bueno, pues yo creo que, ahora, lo mejor es ir a la cama. Porque mañana te vas temprano, ¿verdad? –dice Leda.

– Sí. En esa época la gente se levanta cuando sale el sol y yo quiero llegar cuando la gente todavía duerme. Por eso, voy a salir muy temprano. Así que me voy a la cama... ¡Hasta mañana, queridas!

– ¡Ah! ¿Puedes encargar también un traje de dama, de dama pequeña? –dice Leda–. Alia necesita uno...

– Está bien. ¡Pero me voy ya a la cama! ¡Buenas noches!... ¿Os vais a levantar conmigo u os doy un besito ahora?

– ¡Nos levantamos contigo! –dicen las dos.

5

El sábado por la mañana, Alia y Dimas van a casa de Diana para hacer los deberes allí. Leda les ayuda a hacerlos y habla con ellos un poco en inglés a la hora de la comida.

Después, los tres chicos van a ver a Pedro. Diana les cuenta allí que Godric va a traer algunas cosas para el disfraz de carnaval. Todos están muy contentos. Pedro se ha levantado de la cama y les explica cómo hacer la iglesia de San Juan: con maderas y tela pintada.

– Mi padre me ha dicho que podemos usar el garaje de nuestra casa para hacerlo –dice Pedro–. Pero yo creo que es pequeño. Además, está siempre la criada por ahí. Si lo ve, le cuenta a su hija lo que estamos haciendo, ¡seguro! –dice Pedro.

– En el sótano de mi casa hay una habitación donde están las cosas viejas. Allí está la carroza que tenemos que arreglar. Podemos hacer todo allí –dice Diana.

– ¿Cuándo empezamos? –pregunta Dimas.

– El martes –dice Diana–. Antes yo no puedo.

montar a caballo: pasear subido a un caballo.

Los domingos por la mañana, Dimas y Diana van a **montar a caballo**. Primero, alrededor de la casa.

Luego salen del bosque y pasan la piscifactoría. Un poco más adelante, hay un puente y lo cruzan. Llegan hasta un monte donde hay muchos pájaros y vuelven por el mismo camino.

Este domingo, Leda les ha dicho que deben tener mucho cuidado en el paseo. Ha visto a gente peligrosa por los alrededores.

– ¿Por qué no os quedáis hoy en casa? Me parece que es mejor –dice Leda.
– Pero Leda –dice Diana–. ¡Este paseo es el mejor momento de la semana!
– Vale, está bien. Iros. Pero tened mucho cuidado.

Dimas mira a Diana, que va delante de él. Es una chica muy fuerte y una gran deportista: la primera de la clase en gimnasia, judo, kárate y natación; la mejor deportista. Y también es la primera en Matemáticas, en Geografía, en Sociales…

En la clase, y también en el instituto, algunos chicos no la quieren porque hace todas las cosas bien. La llaman "doña Perfecta". Pero a Dimas le parece que Diana es una gran amiga. Y ahí está. Corre en el caballo, salta árboles caídos, ¡se divierte tanto en el campo! Además, le gustan mucho los animales, es muy buena con ellos. Ama la naturaleza.

Después de dos horas, los chicos deciden volver a casa. Como siempre, vuelven por el mismo camino. Cuando llegan al puente, ven un grupo grande de chicos mayores. Están cerrando la entrada del puente.

– ¿Podéis quitaros de ahí, por favor? Necesitamos pasar –dice Diana.

Mientras, Diana hace correr rápidamente su caballo hasta el grupo. Está muy enfadada.

- ¿Cuánto pagas, bonita? –dice el más fuerte, que está delante de todos.
- Nada. El paso por este puente es gratis –dice Dimas dirigiendo el caballo suavemente hacia el grupo de chicos.

En ese momento, alguien tira una botella que golpea en la cara de Dimas y después cae sobre la cabeza del caballo. Entonces, Diana dice algo al caballo del chico, que cruza el puente y se para al otro lado. Mientras, Diana hace correr rápidamente su caballo hasta el grupo. Está muy enfadada. Los chicos se separan para dejarla pasar. Un segundo más tarde, ella vuelve nuevamente hacia ellos. Una vez, dos veces, tres veces. Hasta que los chicos se marchan corriendo.

- ¿Estás bien, Dimas? –dice Diana cuando los chicos se han ido.
- ¿Qué ha pasado?
- Uno de esos chicos te ha tirado una botella y te ha dado en la frente. Tienes una herida y sangre en la cara. Vamos a mi casa. Leda te va a curar… Tus padres te están esperando hoy para comer, ¿verdad? Voy a llamarles por teléfono. Voy a decirles que luego vamos los dos.

Leda ha estudiado Medicina en su país y es muy buena curando heridas. La herida de Dimas es muy grande y está en una zona peligrosa. Leda prefiere no llevarlo al ambulatorio. Puede perder mucha sangre por el camino y ella tiene en casa las cosas necesarias para curarlo. Media hora después, Dimas tiene la cabeza vendada.

– ¿Te duele? –dice Diana.

– Un poco. Y estoy mareado.

– Toma esto –dice Leda poniéndole en la boca una pastilla azul y dándole un vaso de agua–. ¿Conocéis a esos chicos que os han atacado?

– Yo no los he visto nunca –dice Dimas.

– Yo tampoco –dice Diana–. No son del pueblo.

– ¿Cuántos años tienen? Más o menos, no es necesario ser exactos.

– Son mayores –dice Dimas.

– Dieciocho o diecinueve –dice Diana–. Pero esta vez no hay fotos, Leda. ¡No he tenido tiempo de hacerlas!

– He hablado con tu mamá, Dimas. Tus padres van a venir luego a buscarte. Ahora acuéstate y quédate quieto en la cama. Has recibido un golpe muy fuerte en la cabeza.

Los padres de Dimas llegan un poco más tarde y se quedan hablando con Leda bastante tiempo. Antes de llevarse a su hijo a casa, Leda les dice las cosas que tienen que hacer con el chico los próximos días. Cuando Dimas y sus padres se van, Leda y Diana empiezan a hablar.

– Creo que sé quienes son esos chicos –dice Leda–. Son de Sillarejo. ¡Son unos gamberros!

– ¿De Sillarejo? ¡Pero ese pueblo está a 40 kilómetros de aquí!

– Sí, de Sillarejo. Creo que dos de ellos trabajan ahora cerca de aquí. Cuidan las ovejas del padre de Braulio, tu compañero de clase.

– ¡Braulio! ¡Pobrecito! Todo el mundo se ríe de él en clase. Es un poco lento para comprender las cosas, pero es buena persona.

– Ten cuidado con él... Otra cosa: esos dos gamberros de Sillarejo ¡están relacionados con ese hombre que ha estado aquí con su bicicleta! Es alguien muy peligroso.

– ¡Hola, mujeres de la casa! ¿No dais un besito a este viajero que llega cansado?

Godric acaba de entrar en la habitación. Lleva una capa blanca con una cruz roja sobre el corazón, botas altas de piel y un casco de metal en la cabeza. Está sucio y lleno de polvo. Trae varios paquetes en las manos. Parece muy contento.

– ¡Godric! ¡Ya estás aquí! –dice Leda–. ¿Qué tal el viaje? ¿Interesante?

– ¡Muy interesante! Mirad: dos trajes de chico para Diana. Uno es para el disfraz de criado y el otro es para el viaje que vamos a hacer ahora. Mirad, es de joven noble.

– ¡Ay, qué traje tan bonito, Godric! –dice Diana.

– También he traído perfume de mujer y de hombre, una preciosa capa negra para Leda y dos piedras de la iglesia de San Juan. Las está haciendo un albañil para una pared, pero luego hay que devolvérselas. Así que Pedro tiene que tener cuidado para no romperlas.

– ¿Por qué has traído dos? –dice Leda–. Una es suficiente.

– ¡Porque la carroza va a quedar más bonita con

dos! La que va trabajando Pedro y otra que está terminada –contesta Godric–. Además, el albañil que me las ha prestado es muy simpático. Las piedras están ahora en el garaje. ¡Pesan mucho!... Y también me van a dar un traje para Alia.

– ¡Eres genial, Godric! –dice Diana poniéndose por encima el traje de noble y mirándose en el espejo.

– Ve a tu habitación y pruébatelo –dice Leda–. Vamos a ver cómo te está.

Mientras Diana se pone el traje, Godric cuenta a Leda cómo es Aldeanuela en 1162. Le dice que es grande, más grande que ahora. Tiene murallas, pero hay muchas casas fuera de ellas. Mucha gente quiere vivir ahí porque es una ciudad libre. Allí las personas no trabajan para un noble, trabajan para ellas mismas y se sienten libres. Por eso hay muchos **comerciantes** y **artesanos**; también hay muchas tiendas y tabernas.

comerciante: persona que trabaja vendiendo productos.

artesano: persona que fabrica objetos a mano.

– ¿Y hay hoteles? –dice Diana, que acaba de entrar con su traje nuevo y ha oído las últimas palabras de Godric.

– Hay dos. Ya he reservado dos habitaciones para el próximo sábado –dice Godric–. Una para ti y otra para Leda. Yo tengo que quedarme en la casa de los caballeros templarios.

– ¿Entonces, vamos a pasar allí todo el fin de semana? –dice Diana–. ¡Qué bien!

alcalde: presidente del Ayuntamiento de un pueblo o ciudad.

– Sí, porque el sábado se reúnen los **alcaldes** –dice Godric.

– ¿Los alcaldes? –dice Diana–. ¿Hay alcaldes en esa época?

– Sí. Hay un alcalde en cada barrio. Se reúnen los sábados y castigan a las personas que han hecho algo malo.

– ¿Dónde se reúnen? –pregunta Leda.

– En la plaza. He estado allí y... y he defendido a un hombre. ¡Es inocente!

– ¡Godric! –dice Leda–. ¿Por qué has hecho eso?

– Pues, porque es un hombre bueno que no ha hecho nunca daño a nadie. Mira, también es químico, como yo.

– En esa época –dice Leda– no hay químicos. Hay "alquimistas".

– ¡Eso es! ¡Alquimistas! Y hoy conocemos muchas cosas gracias al trabajo que han hecho antes los alquimistas. Han inventado el cristal, por ejemplo. ¿Y existen gafas sin cristales? ¡Pues no! Entonces, entre otras cosas, ellos han ayudado a las personas que no ven bien, ¿no?

– ¿Cuál es el castigo para un alquimista en esta época? –pregunta Diana.

– La muerte –contesta Godric muy serio.

– Entonces, has actuado muy bien, Godric –dice Diana–. No está bien matar a un hombre por hacer un buen trabajo.

– Vale, está bien. ¡Tenéis razón! –dice Leda–. Si es un buen hombre, hay que ayudarle. ¿Cómo se llama?

– Su nombre no está en ningún libro de química, pero se llama Bruno Antigues –dice Godric–. Y ahora va a vivir unos años más. Je, je. A partir de ahora no van a matar a nadie en Aldeanuela por ser alquimista.

– ¡Cuánto me alegro, Godric! –dice Diana.

– ¿A ver cómo te queda el traje?... ¡Pues te está muy bien! –dice Godric–. A lo mejor hay que cortarte un poco el pelo... ¿Tú que piensas, Leda?

– Sí, pero solo hay que cortarle un poco las puntas, por aquí –contesta Leda señalando con un dedo la parte de pelo que está debajo de la oreja–. Con el pelo así cortado y este traje, Diana va a parecer un chico muy guapo. Por cierto, no podemos llamarte Diana allí. ¿Cómo te vamos a llamar?

– Dimas. Llamadme Dimas. Como mi amigo.

PÁRATE UN MOMENTO

1. Los capítulos de la novela no tienen títulos. Aquí tienes tres:

a. Ataque en el puente   **b.** Del instituto a casa   **c.** Preparando un viaje

Coloca estos títulos en el capítulo adecuado y, luego, busca con tus compañeros un título para los dos que no lo tienen.

2. Ordena estos hechos. El primero es el de la letra **i**.

a. Alia y Dimas hacen los deberes en casa de Diana. ....
b. Godric se va solo de viaje. ....
c. Diana, Alia y Dimas van a casa de Pedro. ....
d. Diana dice que sus compañeros de clase se ríen de Braulio. ....
e. Diana y Dimas salen a pasear a caballo. ....
f. Leda ha visto una persona cerca de la casa. ....
g. Los chicos organizan su disfraz de carnaval. ....
h. Un chico mayor hace una herida en la cabeza a Dimas. ....
i. Una persona pasa corriendo en bicicleta al lado de Diana y Dimas. ..1....

3. Mira este calendario. Busca información en el capítulo 2 para saber en qué año transcurre esta historia.

FECHAS DE MARTES DE CARNAVAL 2003-2020

2003 4 Marzo
2004 24 Febrero
2005 8 Febrero
2006 28 Febrero
2007 20 Febrero
2008 5 Febrero
2009 24 Febrero
2010 16 Febrero
2011 8 Marzo
2012 21 Febrero
2013 12 Febrero
2014 4 Marzo
2015 17 Febrero
2016 9 Febrero
2017 26 Febrero
2018 13 Febrero
2019 5 Marzo
2020 25 Febrero

ANTROXU - CARNIVAL - ANTROIDO - CARNEVALE - KARNEVAL - CARNESTOLTES - IHAUTERIAK

4. ¿De qué quiere disfrazarse Diana cuando hablan de "museo", el primer disfraz?

El caballero de la mano en el pecho. El Greco

La Dama de Elche

Leonor de Aquitania

Caballero templario

5. Sitúa en este plano la casa de Diana y sus alrededores. Coloca: bosque, casa, entrada, piscifactoría, río, torre/iglesia. Compara tu plano con el de tus compañeros.

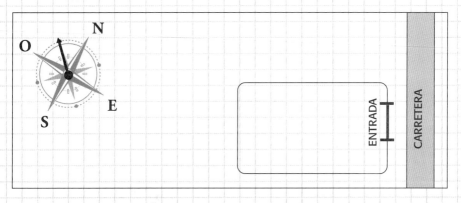

6. En los próximos capítulos vas a encontrar palabras como: **flecha**, **máscara**, **paliza**, **puntería**, **apto** y **vendas**. A lo mejor no conoces alguna. Búscala en el diccionario.

7. ¿Cómo crees que va a continuar la historia? ¿Cómo van a hacer el viaje Diana y sus padrinos? ¿Qué va a pasar con el disfraz de carnaval? ¿Qué van a hacer Diana y sus padrinos con los chicos mayores? Coméntalo con tus compañeros.

6

Dimas no ha ido en toda la semana al instituto y Diana ha ido todas las tardes a verlo. Mientras meriendan, le habla de la clase, de los amigos, del disfraz de carnaval.

A veces, Dimas se acuesta en el sofá del salón para descansar un poco y se queda dormido. A Diana le gusta mirarlo dormido. ¡Es tan guapo!

El viernes por la tarde, cuando Diana va a casa de Dimas, ve a uno de los chicos que les han atacado en el puente. Es el más fuerte de todos. Está entrando en un bosque que hay cerca de la piscifactoría, pero él no la ha visto. Diana está furiosa con él. Ella quiere saber adónde va y qué va a hacer. Decide seguirlo.

Diana conoce muy bien los campos de la región. Este bosque está muy cerca de su casa y ha ido muchas veces allí. Conoce cada árbol, cada hoja, cada animal. Le resulta muy fácil seguirle.

El joven llega a una pequeña casa de madera que está en medio del bosque. Llama a la puerta y entra. Diana se acerca sin hacer ruido. Mira con cuidado por la ventana y casi da un grito. ¡Hay un casco negro con un rayo rojo encima de una mesa!

El chico del puente está hablando con un desconocido. Diana escucha atentamente.

– ¡Te digo que el próximo domingo no vais a tener problemas, Céspedes! –está diciendo el desconocido–. Este es un plan perfecto.

– ¿Tú crees?... A lo mejor este domingo no salen a pasear a caballo porque... ¡el chico tiene la cabeza rota! ¡Ja, ja, ja! –dice Céspedes, que así es como se llama el joven del puente.

– El chico no nos interesa. Nos interesa Diana. Y ella sale todos los domingos a pasear a caballo. ¡Estoy seguro! No le importa salir sola porque le encanta montar a caballo –dice el desconocido.

raptar: llevarse a una persona a la fuerza.

– A ver, Basto. Repíteme tu plan para **raptar** a la chica –dice Céspedes.

– Mira: Diana siempre pasa por aquí –dice Basto señalando un punto con el dedo en algo que parece un plano dibujado en un papel–. Así que ese día, por la mañana temprano, vosotros atáis estas cuerdas entre los árboles. Estas cuerdas no se ven con la luz del día, son unas cuerdas especiales. Son invisibles.

guay: bonita, fantástica. *Guay* es una palabra coloquial.

molar: gusta. *Molar* es una palabra que usan algunos jóvenes, coloquialmente, en lugar de *gustar.*

– Son **guays**. **Molan**. ¿Dónde las has comprado?

– Eso a ti no te importa, Céspedes. Recuerda que no debes hacer preguntas.

– Está bien. Está bien. Tú mandas –dice Céspedes.

– Bueno, pues ponéis las cuerdas por aquí –dice Basto señalando otra vez el papel–. Os subís a los árboles y esperáis. Diana llega siempre corriendo a caballo, así que no va a ver las cuerdas. El caballo tropieza con una y Diana cae al suelo.

– ¿Y si no se cae? Yo la he visto montar a caballo.
Monta muy bien.

– Pues si no se cae, le tiráis piedras desde los árboles en los que estáis escondidos. Tiene que caerse al suelo y vosotros tenéis que recogerla. Luego, traéis a Diana aquí. ¿Está claro?

– Sí –contesta Céspedes–. Recogemos a la chica, la traemos aquí y te la entregamos a ti.

– ¿Cuántos amigos puedes traer este domingo?

– Ocho.

– Bueno. Voy a pagar tres mil euros a cada uno. Y ya sabes que a ti voy a darte treinta mil. ¡Pero solo si me traéis a Diana! –dice Basto saliendo de la casa y poniéndose el casco–. ¡Ah! Ven aquí.

– ¿Qué quieres?

– Da esto al hijo de tu jefe. Se llama Braulio, ¿no? Y es compañero de clase de Diana –dice Basto mientras le da una caja llena de papeles.

– ¿Qué es esto?

– Tiene que repartir estos papeles por el instituto. ¡Es tonto y seguro que los reparte! Y si no quiere hacerlo, le das una paliza –dice Basto mientras le quita a Céspedes un papel que ha sacado de la caja.

– Devuélveme ese papel –le dice Céspedes–. Quiero leerlo.

– No lo vas a entender. ¡Ja, ja, ja! –dice Basto mientras tira el papel al suelo–. ¡Anda, vamos! ¡Vete ya!

Diana ha escuchado todo atentamente. Está llena de rabia. Quiere actuar en ese mismo momento contra ellos. Pero no lo hace. Es mejor pensar bien las cosas antes de actuar.

Recoge el papel que ha tirado Basto al suelo y lo lee. ¡Ay, qué cosas dice el papel! ¿Quién ha escrito esto? ¿Quién es Basto? ¡Qué hombre tan malo!

Diana piensa y piensa. Empieza a andar. Decide que ese día no va a ir a casa de Dimas. Va a buscar a Braulio. Espera encontrar a su compañero de clase antes que Céspedes.

7

Ese viernes, unas horas más tarde, Diana llega a su casa cansada, pero parece contenta. Antes de encontrar a Braulio ha llamado a Leda por teléfono. Le ha contado todas las cosas que ha visto y oído en la **cabaña** del bosque. También le ha dicho que va a buscar a su compañero de clase.

Leda ha estado preocupada toda la tarde. Al principio, ha querido ir a ayudar a Diana. Pero ha pensado que es mejor dejar a la chica sola. Ha decidido que Diana ya tiene que cuidarse por sí misma y que Braulio no es un problema para ella. Pero Leda ha sentido que el tiempo no pasa, que los minutos son horas. Y ha estado muy nerviosa.

Godric ha llegado a casa antes que Diana y Leda le ha contado lo que le ha dicho la chica. Los dos se han puesto a preparar la cena y han hablado muy poco. Los dos están callados cuando llega Diana.

– ¡Qué bien huele! –dice Diana cuando entra en la cocina–. ¿Qué estáis preparando para la cena? ¿Os ayudo? ¡Tengo hambre!

– Bueno. Pon la mesa –dice Leda–. La cena ya está casi lista. Ya vamos a cenar.

– Leda me ha contado las cosas que has visto en el bosque –dice Godric–. También me ha dicho que has ido a buscar a tu compañero, a Braulio. ¿Lo has visto?

– Sí, pero Céspedes lo ha encontrado antes que yo y le ha dado unos buenos golpes. Estaba asustado. Yo le he limpiado las heridas y le he acompañado a casa de sus padres –dice Diana–. Creo que no va a hacer nada contra mí. ¡Le he invitado a unirse a nosotros en el desfile de carnaval!

– ¿Y tus amigos están de acuerdo? ¿Le aceptan en el grupo? –pregunta Leda.

– Sí. Les he llamado antes para preguntarles, claro, y me han dicho que sí. No hay problema... Va a ser otro albañil. Va a ir sentado en el suelo de la carroza, con Pedro, y va a trabajar la otra piedra que tú has traído. Le he dicho que debe tener mucho cuidado con ella, que no tiene que romperla...

– Leda me ha dicho que le quieren dar una caja con unos papeles.

– Esos papeles ahora los tengo yo –dice Diana–. Braulio me los ha dado y los he traído a casa. Están en la entrada. Ahora los traigo.

Diana sale de la habitación y trae la caja que le ha dado Braulio. La chica saca un papel que dice así:

> **DIANA GOTTAUCHTER NO TIENE PADRES**
>
> Diana Gottauchter no es una persona normal, como tú o como yo. Nosotros tenemos padre y madre, y hemos nacido en un hospital. ¡Pero la madre de Diana es una máquina y ella ha nacido en un laboratorio! ¡Debemos echar a Diana de nuestro instituto! **¡FUERA DIANA DEL INSTITUTO! ¡FUERA DIANA DE ALDEANUELA!**

– ¿Quién es Basto? –pregunta Diana.

– Ha venido de nuestro país –dice Leda–. Es de un grupo que se llama "Los amigos del rayo". Son nuestros enemigos.

– Y también son enemigos de la vida –dice Godric–. Quieren acabar con el futuro del mundo. Son muy peligrosos.

– Sí –dice Leda–. Pero nosotros somos más poderosos que ellos.

– Son malos. Basto es malo –dice Diana–. Es verdad que yo he nacido en un laboratorio. Vosotros me lo habéis contado muchas veces. Pero vosotros, que sois mis padrinos, sois mejores que muchos padres. Para mí, en mi corazón, sois mis padres. Os quiero mucho.

– Y nosotros también te queremos mucho a ti, Diana. No somos tus padres, pero te queremos igual, o más –dice Godric abrazando a Leda y Diana.

– Sí, Diana. Así es –dice Leda.

Los tres se unen en un gran abrazo y quedan en silencio durante unos momentos. Se sienten muy bien así.

enfriar: dar frío y
hacer disminuir la
temperatura.

- ¡Bueno! Tenemos hambre, ¿no? –dice Godric–. Pues me parece que la cena se está **enfriando**.

Ahora ya tienen ganas de reír los tres, se sienten relajados y tranquilos.

- Oye, Diana –dice Godric con cara de broma mientras cenan–. ¿Está Braulio un poco enamorado de ti?
- Se ha puesto muy contento cuando me ha visto –dice Diana–. A veces me mira cuando estamos en clase.
- Es que eres muy guapa, Diana –dice Godric.
- Sí, muchos chicos dicen que soy guapa, pero a mí no me interesan esos chicos.
- ¿Te interesa Dimas? –pregunta Leda.
- Yo le quiero mucho –dice Diana–. Y me parece muy guapo... Pero soy muy joven. Yo solo quiero aprender cosas, estudiar, andar por el campo... Los chicos que miran mi cuerpo me dan asco.
- ¿Y cómo te mira Braulio? –pregunta Leda.
- A Braulio no le quiere nadie en clase. Solo mis amigos y yo hablamos con él de vez en cuando... Él nos mira bien a los cuatro, pero a mí a veces me molesta la manera en que me mira, la verdad. Hoy he ido a hablar con él porque me ha parecido necesario. ¡Y ahora creo que ha sido una buena idea!
- Sí –dice Godric–. Casi siempre, es mejor hablar que pelear. Y tú has decidido resolver el problema hablando... Ha sido una buena decisión, Diana. Has sido muy inteligente.

– Sí. ¡Tenemos los papeles!...

– Pero no debemos olvidar que todavía tenemos un problema: Céspedes y Basto –dice Leda–. ¿Qué vamos a hacer, Godric?

– He pensado que mañana voy a levantarme para seguir el camino que hace Diana los domingos. Voy a ver dónde se pueden poner esas cuerdas –dice Godric.

– Entonces, ¿mañana no salimos temprano? –pregunta Leda.

– No, no es necesario. Salimos a las diez.

– ¡Qué gracioso! El domingo por la mañana, Céspedes y sus amigos van a esperarme subidos en los árboles y yo no voy a ir allí –dice Diana. ¡Qué divertido!

8

A las diez de la mañana, Diana y sus padrinos van a "La Puerta del Tiempo". Godric se ha vestido otra vez de caballero templario y Leda lleva toda la ropa negra. Ella va a decir que es viuda y que está de viaje hacia Toledo con su hijo, "Dimas". Llevan cuatro caballos. Godric hace un primer viaje para llevar cosas y, también, para controlar que no hay gente en el lugar al que van a llegar. Después de cinco minutos vuelve.

– ¡Vamos! Ahora no hay nadie –dice Godric–. Diana, colócate entre Leda y yo. Piensa solo en viajar a Aldeanuela. Hoy es sábado, 26 de enero de 1162. ¿De acuerdo?

De pronto, están los tres en un lugar lleno de árboles. Es un bosque que en el año 2008 ya no está. En su lugar, está la urbanización de la casa de Alia. Hay cerca un camino que lleva al pueblo. Los tres se suben a sus caballos y Godric conduce al cuarto, donde han puesto la ropa y otras cosas que necesitan para pasar allí el fin de semana.

En el camino hay muchas personas. Casi todos van a pie, pero algunos van a caballo. Pasa un caballero templario y Godric le saluda poniendo su mano derecha en el cuello, detrás de su oreja. Hay también unos caballeros que llevan trajes marrones.

– ¿Quiénes son esos hombres que llevan capas marrones, Godric? –pregunta Diana.
– Son los "caballeros pardos".
– "Pardo" significa "marrón", ¿no?
– Sí. Los llaman así porque sus trajes son pardos, o marrones.
– Pero no parecen caballeros. No son elegantes –dice Diana.
– Son caballeros porque usan caballos para ir a la guerra –dice Godric–. Y tienes razón, no son elegantes. No han recibido ninguna educación. Pero son muy valientes y fuertes. Sus enemigos les tienen miedo.
– ¿Son como los soldados profesionales de nuestra época? –pregunta Diana.
– Parecido –dice Godric–. Ellos defienden el pueblo de los ataques de otras personas y atacan otras regiones. Hacen la guerra. Ahora se están preparando para recibir al rey de León. Ya sabes, este rey va a atacar Aldeanuela dentro de poco tiempo.
– Entonces, ¿ya has hablado de eso con alguien? –pregunta Leda.
– Sí, he hablado con los templarios. Bueno, como os decía, estos caballeros pardos y muchas personas más se están preparando para defenderse. Creo que hoy hay un concurso de **tiro con arco**.
– ¿Un concurso de tiro con arco? ¿Dónde? ¿A qué hora? –pregunta Diana muy interesada.

tiro con arco: competición en la que los concursantes disparan flechas a un punto para ver quién dispara mejor.

– Esta tarde. Y si tú quieres, puedes participar. Hoy eres un chico, ¿no?

Diana mira con curiosidad todas las cosas que ve por las calles. Hace continuamente preguntas que Godric contesta casi siempre. Leda también mira todo, pero habla poco. Cuando llegan al lugar donde van a dormir Diana y Leda, Godric se despide de ellas. Como ya sabemos, él va a la casa de los templarios.

Después de ocupar sus habitaciones, Diana y su madrina van a la calle otra vez. Quieren ver, escuchar a la gente. La gente de esa época habla castellano antiguo y a Diana le divierte escuchar cómo pronuncian las eses; hay palabras que no comprende bien, pero entiende todo. Diana y sus padrinos tienen mucha facilidad para aprender idiomas.

higo seco: fruto de la higuera, seco y muy dulce.

En la panadería, Leda y Diana compran pan. Lo prueban, y les parece un poco duro. No hay fruta en el pueblo porque es invierno, pero hay unos **higos secos** que están deliciosos. Leda compra mantas para los caballos, telas, adornos para el pelo y muchas cosas más. Hay gente muy pobre que pide algo para comer; ellas les dan comida y, a veces, también algo de dinero.

De repente, oyen mucho ruido cerca de ellas. Alguien ha querido robar en una tienda, el tendero lo ha cogido y está pidiendo ayuda. Toda la gente que está en la calle va allí. Pegan al ladrón. Gritan.

– Vamos a nuestras habitaciones a dejar las cosas que hemos comprado –dice Leda–. Me da mucha pena la gente que tiene que robar porque tiene hambre.

– Sí. En todas las épocas hay gente que no tiene nada para comer –dice Diana.

– Pero nosotras no podemos hacer nada ahora. Dejamos las compras en el "hotel" y vamos a la plaza. Hoy se reúnen allí los alcaldes, ¿te acuerdas?

La plaza de Aldeanuela es cuadrada. En uno de los lados, están los alcaldes sentados en sillas. Hay gente en los otros tres lados de la plaza. En el centro solo están las personas que han hecho algo malo. Después de estar delante de los alcaldes, algunos pueden irse a su casa, libres; otros tienen que ir a la cárcel. Diana se aburre y mira a su alrededor. Le divierte ver el reloj de sol que todos los días mira con sus amigos a la vuelta del instituto.

De repente, se oyen unos gritos. Un hombre y una mujer empujan a una pareja hasta el centro de la plaza. Ellos son los padres de la chica, que solo es un poco mayor que Diana. El padre les dice a los alcaldes que el joven ha raptado a su hija por unos días. Pide un castigo para él.

– Muchacha, di la verdad –dice en alcalde–. Este joven, ¿te ha raptado de verdad? ¿O tú has querido irte con él?

La chica baja la cabeza y no dice nada. El juez le hace la misma pregunta tres veces. Al final, la chica levanta la cara, que es muy bonita y está completamente roja.

– Señor juez, yo he querido ir con él –dice dando la mano al chico–. Estamos enamorados, pero nuestras familias no nos dejan casarnos porque él es pobre.

– Entonces, muchacha, vete ahora con tu amigo. Pero no debes volver nunca a la casa de tus padres. Ellos no te van a ayudar nunca, no te van a dar dinero ni comida. No te van a dar nunca nada. Olvídate de ellos porque no los vas a ver más.

– ¡Pobre chica! –dice Diana–. ¡Qué castigo tan grande! ¡No puede ver más a sus padres! No me parece bien. Leda, no me gusta estar aquí. Vamos a otro sitio, por favor.

Cuando Leda y Diana salen de la plaza, se encuentran con Godric. Está con otros caballeros y con una dama. Es Beatriz de Lozoya, la dama que ha dado dinero para construir la iglesia de San Juan. Van a ver cómo están las obras de la iglesia. Beatriz de Lozoya invita a Leda y a "Dimas" a acompañarles.

La iglesia de San Juan tiene en esos momentos solo tres paredes. Los albañiles están trabajando ahora la pared este. Hay carpinteros, albañiles y muchos obreros por todas partes. La iglesia no tiene tejado todavía. Ya se puede ver dónde van a estar las puertas y ventanas. Diana mira todos los detalles con cuidado para hacer bien su iglesia para el carnaval.

De pronto, una persona del grupo dice que va a empezar el concurso de tiro con arco. Todos quieren ir a verlo. Godric le dice a Diana que ya la ha apuntado en el concurso; con el nombre de "Dimas", claro.

En el concurso de tiro con arco hay nueve participantes y nueve sacos llenos de harina que tienen un dibujo muy pequeño. Cada participante tira una fle-

eliminar: quitar a una persona o un grupo de donde estaba.

caseta: casa pequeña y separada del resto.

cha al dibujo de su saco. Tiran las flechas todos al mismo tiempo. El que pone la flecha más lejos del dibujo, tiene que dejar de tirar. Está **eliminado** del concurso.

"Dimas", o Diana, siempre ha tenido muy buena puntería. Cuando ha ido a las fiestas de los pueblos, siempre ha venido a casa con algún premio que ha ganado en las **casetas** de tiro. Diana dispara su flecha una vez, tres veces, ocho veces... y queda eliminada. Ya solo quedan dos participantes que están vestidos con trajes marrones. Poco tiempo después, Beatriz de Lozoya le da el premio a uno de ellos: un pañuelo de seda blanco. Suena la música. Todo el mundo grita y aplaude con mucho entusiasmo. Diana también.

Después del concurso, hay comida y bebida para todos, pero Diana no come nada. No tiene hambre porque todavía está muy emocionada por el concurso. Empieza a andar entre la gente. Unas personas están bailando, entre todos forman un círculo que se mueve con las manos unidas, dan vueltas y vueltas. Más allá, un ciego está contando una historia de un matrimonio y la gente lo escucha con atención. Diana sigue andando y ve a un joven vestido de verde que juega con pelotas de fuego.

– Has disparado las flechas muy bien, Diana –le dice Leda, que se ha acercado a ella sin hacer ruido–. Has competido con gente que tira con arco todos los días y tú, que no lo haces casi nunca, lo has hecho muy bien. ¡Qué buena puntería tienes!

– Sí, estoy muy contenta –dice Diana–. Creo que nunca voy a olvidar este día.

El día siguiente está también lleno de actividades. Primero, Leda visita a los enfermos del pueblo e intenta curarlos; en esa época, algunas mujeres saben mucho de medicina y los enfermos confían en ellas. Luego, van a una comida que Leda ha organizado para los pobres. Después, busca a los chicos enamorados que han visto en la plaza y les da dinero. Diana va con ella a todos los sitios y la ayuda.

Por la noche, Leda y Diana se despiden de todo el mundo y salen del pueblo. Allí les espera Godric para volver a casa. Los tres piensan que ha sido un buen fin de semana.

9

El lunes por la mañana, Diana y sus amigos se ponen muy contentos cuando ven a Dimas en clase. Tiene mucho mejor la herida; está sano y fuerte, como siempre.

– Me alegra volver a clase. Aquí estoy mejor que en casa. Me he aburrido mucho lejos del instituto –dice Dimas.

– Nosotros también **te hemos echado de menos**.

te hemos echado de menos: hemos notado que no estabas, hemos pensado en ti.

Cuando los amigos le preguntan a Diana por el fin de semana, ella dice que el lugar donde ha estado es fantástico. Les habla de personas alegres, de lugares agradables, de bailes... Pero no les habla de "la Puerta del Tiempo", tampoco les dice cuál es ese lugar.

Esa semana pasa como pasan todas las semanas: clases, deberes, deportes. Además, los chicos se reúnen unas horas todas las tardes en casa de Diana para preparar el disfraz de carnaval.

El miércoles ya han terminado la iglesia y la han puesto en la carroza, encima de una alfombra roja. El jueves se prueban la ropa. Pedro y Braulio se ponen unos trajes de lana que les ha traído Diana del lugar donde ha estado el fin de semana. A Braulio, el traje le está un poco estrecho.

– ¡No importa! Yo meto la barriga así –dice Braulio sin respirar–. ¡El traje me está bien! Y es muy bonito, me gusta mucho. Estoy guapo, ¿no?

– ¡Ja, ja, ja! –ríen todos.

– ¡Oye! –dice Alia–. Todavía no hemos pensado en nuestras máscaras. ¿Qué nos vamos a poner en la cara? ¿Cómo nos la vamos a tapar?

– ¡Uy! Es verdad –dice Diana–. ¡Nos hemos olvidado de las máscaras!

– Podemos hacerlas con vendas –dice Pedro.

– ¿Con vendas? –dice Diana sorprendida–. ¿Y cómo hacemos esas máscaras?

– Mirad… Hay unas vendas especiales que se usan cuando alguien se rompe un brazo, por ejemplo. Se meten en agua y se ponen mojadas sobre el brazo que tiene el hueso roto. Luego, cuando las vendas se secan, están muy duras y protegen el hueso mientras se cura.

– ¡Ah! –dice Braulio–. Es como esa cosa blanca que lleva la gente en la pierna cuando se la rompe.

– Sí, el yeso o la escayola que ponen los médicos cuando alguien se rompe un hueso. Bueno, pues en la farmacia de mi padre hay estas vendas.

– Nosotros también las tenemos en casa –dice Diana–. Leda las usa a veces. ¡Ya sabéis que mi madrina es médica!

– ¡Ah! Yo no lo sabía –dice Braulio.

– Y es muy buena como médico. Mira, ella me ha curado a mí esta herida en una semana –dice Dimas señalando su frente.

– ¿Y cómo te has hecho esa herida tan grande? –pregunta Braulio.

– ¡Vale, vale! ¡Está bien! –dice Diana–. Tenemos que hacer unas máscaras y Pedro nos está diciendo cómo hacerlas. No tenemos mucho tiempo hasta el martes.

– Otro día te lo cuento, Braulio –dice Dimas.

– Pues es sencillo –dice Pedro–. Mirad. Mojamos las vendas, las ponemos sobre la cara y apretamos con cuidado por todos los sitios. Así las vendas siguen todas las formas de la cara. Luego nos quedamos muy quietos hasta que las vendas están un poco duras.

– Y entonces nos las quitamos con cuidado –dice Alia–. Las dejamos secar unos días y las pintamos. Es así, ¿no?

– ¡Claro!... Pues las podemos dejar encima de esa mesa –dice Diana señalando una mesa grande que hay en una esquina– y las pintamos el lunes. ¡Venga! Vamos a hacerlas ahora. Voy a pedirle esas vendas a Leda.

– ¡Sois geniales, chicos! –dice Braulio.

– ¡Somos geniales! –dice Dimas–. Tú también estás con nosotros.

El viernes por la tarde, Diana y Leda dan un paseo a caballo. Hacen el mismo recorrido que Diana hace los domingos por la mañana. Godric les ha dicho dónde tienen que buscar las cuerdas.

– ¡Mira, Leda! Aquí hay muchas huellas de zapatillas –dice Diana señalando un lugar que está cerca de un bosque.

– ¡Y también hay cuerdas atadas entre estos árboles! ¡Mira!... ¡Qué vagos son estos chicos de Sillarejo! ¡Han preparado las cuerdas para atacarte el domingo y no las han quitado! ¡Qué estúpidos son!

– Yo no las veo, Leda.

– Es difícil verlas con la luz del sol. Pero si miras así –dice Leda cerrando un poco los ojos– y subes y bajas un poco la cabeza varias veces...

– ¡Oh, sí! –dice Diana–. ¡Ahora veo las cuerdas! ¡Hay muchas!

– Sí –dice Leda–. Pero ya sabemos donde están. ¡Vamos! Nos volvemos a casa.

10

El domingo por la mañana, Dimas no sale a pasear a caballo con su amiga. Leda le ha dicho que no es bueno para su herida y el chico se ha quedado en casa con sus padres.

El caballo de Diana sale a pasear a la misma hora de todos los domingos, pero Diana no va en él. En el caballo va Leda, que monta a caballo tan bien como Diana y lleva ropa de la chica. También lleva su casco.

Unas horas antes, Godric y Diana se han puesto unos trajes de una tela invisible que venden en su país. Los trajes les llegan hasta el cuello y les tapan las manos. También llevan tela invisible encima de las botas. Solo se ven sus cabezas "volando" por el aire. Han llegado al bosque muy temprano y cada uno se ha subido a un árbol. Han visto llegar a la gente de Sillarejo y saben dónde está escondido cada uno de ellos.

Cuando llega Leda a la primera cuerda, cae al suelo. Bueno, parece que se ha caído, pero en realidad se ha tirado con mucho cuidado. No se ha hecho daño, pero se ha quedado muy quieta allí, con el cuerpo y la cara mirando hacia el suelo.

EL SECRETO DE DIANA
57

Los jóvenes de Sillarejo se bajan, entonces, de los árboles donde estaban escondidos.

Los jóvenes de Sillarejo se bajan, entonces, de los árboles donde estaban escondidos. Gritan contentos. "Ha sido muy fácil", dicen. Llegan hasta el lugar donde está Leda y uno le gira el cuerpo hacia arriba con el pie. "¡Qué horror!" "¡Es un cuerpo sin cara!" "¡La cabeza es un agujero!" "¡No tiene cabeza!", dicen mientras corren muy asustados. Leda se ríe en silencio debajo de su máscara de vendas y tela invisible. "¡Qué buena idea ha tenido Pedro!", piensa.

Justo en ese momento, Godric y Diana se bajan de los árboles. Solo se ven sus cabezas "volando". Los jóvenes de Sillarejo los ven y se llenan de terror. Corren de un lugar a otro como locos. Tienen mucho miedo.

Godric y Diana van detrás de ellos, los cogen uno a uno y les dan una pastilla. Después de un rato, todos los jóvenes están profundamente dormidos. Diana y sus padrinos les quitan casi toda la ropa y los dejan en el bosque.

Horas más tarde, los chicos de Sillarejo se despiertan. Tienen mucho frío y no saben bien qué les ha pasado.

– Ha sido un sueño –dice uno.

– Si ha sido un sueño, ha sido un mal sueño –dice otro.

– ¡Seguro que ha sido una broma de Basto! –dice Céspedes–. Ese *tío* piensa que somos tontos. ¡Pero **ese** no se ríe de mí! Ahora mismo me voy a buscarlo y le doy una paliza. ¡No va a poder moverse en una semana!

– ¡Yo voy contigo!

– ¡Y yo!

tío: esa persona. Se dice de manera coloquial y despectiva.

ese: aquí, se refiere a Basto. Es despectivo.

– Yo no quiero tener más problemas. ¡Me voy a casa! ¡Y no quiero volver a verte nunca, Céspedes! No me gustan estos "negocios".

– Espera. Yo voy contigo.

– Esperadnos. Nosotros también nos vamos.

Ya es casi de noche cuando Céspedes y sus dos amigos llegan a la casa del bosque. Basto está allí esperándoles. Cree que le traen a Diana. Céspedes entra primero.

– ¿Por qué habéis tardado tanto? ¿Y por qué estás casi desnudo, Céspedes? ¿Dónde está tu ropa? –dice Basto un poco preocupado–. ¿Y dónde está la chica?

– ¡Ahora no tienes derecho a hacer preguntas! –dice Céspedes cogiendo con fuerza a Basto por el jersey y golpeándolo contra la pared–. ¡Dímelo tú! ¡Dime quiénes son esos **monstruos** que has mandado al bosque para asustarnos! ¡Dímelo! ¡Una chica sin cabeza y dos cabezas que vuelan!

– ¡Estás loco! ¡Completamente loco! –dice Basto.

monstruos: persona o cosa que produce miedo, que asusta.

Pero Basto, de pronto, se pone pálido. Comprende qué ha pasado esa mañana. "La chica y sus padrinos son listos, muy listos", piensa antes de caer al suelo.

– Se ha desmayado, ¿o le he matado? –dice Céspedes al ver a Basto a sus pies–, ¡pero yo no quería matarlo! ¡Solo quería asustarlo un poco!

Céspedes sale de la casa de madera muy pálido y, cuando está fuera, se asusta todavía más porque... ¡Hay una cabeza detrás de sus amigos!... ¡Y otra cabeza viene volando hacia él!

– ¡Prometed que no vais a volver a pegar a nadie! –dice una voz que sale de una cabeza de hombre–. ¡Decid que de ahora en adelante vais a respetar a la gente!

– ¡Dejadnos!... ¡Lo prometemos! –dicen los tres–. ¡Lo prometemos!

– ¿Estáis seguros?

– Sí, sí, sí.

– En ese caso, os podéis marchar. Pero pensad siempre que vamos a estar vigilándoos. Marchaos.

– Bueno, Diana –dice Godric cuando los tres jóvenes ya están lejos– ahora vamos a ver cómo está Basto.

– ¿Puedo hacerte una pregunta? –dice Diana cuando ve a Basto en el suelo.

– Sí, claro. Dime –contesta Godric mientras examina el cuerpo caído.

– ¿Por qué quería raptarme? ¿A dónde quería llevarme? ¿Qué quería hacer este hombre conmigo?

– No estoy muy seguro –dice Godric–. Pero creo que quería llevarte a un laboratorio de nuestro país. Allí quieren saber muchas cosas sobre tu cuerpo. La forma en que estás hecha es un secreto del gobierno porque tienes que hacer una cosa en el futuro, ya lo sabes...

– Sí. Y la gente no debe conocer esos secretos –dice Diana–. ¡Es peligroso para el futuro del mundo! Me lo habéis dicho muchas veces.

11

El patio del instituto de Aldeanuela está lleno de colores y voces. Es martes de carnaval y la mayoría de los chicos que están allí llevan un disfraz. Algunos están solos, pero casi todos están en grupo.

El patio es grande, cuadrado. En uno de sus lados, hay una mesa larga con premios para los ganadores del concurso. A las once en punto, los concursantes se ponen en fila. Empiezan a pasar por delante de la mesa donde ya están sentados los profesores para decidir cuál es el mejor disfraz. Un alumno lee los nombres de los disfraces.

"Bebé de paseo", dice la voz del alumno. Una criada gorda del siglo *XX* lleva un cochecito de bebé. Dentro, un chico de catorce años va vestido de bebé. El bebé lleva juguetes en la mano y saluda a todo el mundo.

"La ropa se está secando", dice ahora el alumno. Un grupo grande de chicos y chicas llevan camisas, pijamas y vestidos. Tienen los brazos en alto y llevan unos guantes que parecen **pinzas** de secar la ropa. Están agarrados a una cuerda muy larga. Realmente, parece ropa colgada que se está secando, ¡pero con personas dentro!

pinza: instrumento formado por dos piezas que permite sujetar la ropa.

"Muñecas", sigue diciendo la voz. Ahora pasan delante de la mesa siete chicas vestidas como muñecas. Andan y hablan como máquinas.

"Museo", dice ahora el alumno. Tres alumnas se han disfrazado de estatuas clásicas. Una de ellas es la Dama de Elche.

"Viudas alegres", anuncia el alumno. Dos alumnas llevan trajes negros de finales del siglo *XIX*. Van con tres caballeros de la misma época. Están todos muy elegantes. Delante de la mesa de los profesores hacen sonar una música y bailan un baile de esa época. Las chicas cambian algunas veces de pareja.

La voz del alumno sigue diciendo nombres de disfraces durante una hora más, pero en ningún momento dice: "Construcción de la iglesia de San Juan".

Diana y sus amigos también están en el patio del instituto.

– ¡Qué rabia! ¡No nos han dejado participar en el concurso con nuestra carroza! –dice Dimas–. ¡No es justo!

– Pero los profesores tienen razón –dice Diana–. Es verdad que los caballos se asustan con la gente y que podía haber un accidente en el patio.

– ¡Pero nos avisaron muy tarde! –dice Dimas–. ¡Nos lo dijeron ayer!

– ¡Uf! ¡**Menos mal** que nos hemos podido disfrazar con estos trajes de viudas que nos han dejado tus padrinos –dice Alia–. ¡Y me parece que al jurado le ha gustado nuestro disfraz!

– La gente nos mira –dice Braulio.

– Oye, ¿habéis visto a la hija de Antonia? –dice

Pedro–. Está en el grupo de "Museo". ¡Antonia le ha contado nuestros planes y ella y sus amigas se han hecho nuestro disfraz!

– Bueno –dice Diana–. No lo han hecho mal.

Poco después, los profesores anuncian los premios:
Primer premio: "La ropa se está secando".

Segundo premio: "Viudas alegres".

Tercer premio: "Museo".

– ¡Nos han dado el segundo premio! ¡No me lo puedo creer! ¡Es fantástico! –dice Diana.

– ¡Qué bien! ¡Qué bien! –dicen todos.

Por la tarde, hay otro desfile de carnaval. Es el concurso del Ayuntamiento. Los padrinos de Diana han decidido participar en el último momento. Llevan con ellos a Diana y a sus amigos.

Este disfraz se llama "Dentro de la pirámide" y hay cuatro caballos que llevan un carro. En el carro hay una pirámide de cristal.

Dentro de la pirámide, en una mesa, hay una momia que parece del antiguo Egipto. También están allí de pie Diana y Godric, vestidos como dioses egipcios. Diana es la diosa Luna, Godric es el dios de la noche. Fuera de la pirámide está Leda, es un soldado que guarda la entrada de la pirámide y, al mismo tiempo, conduce a los caballos desde la carroza. Delante de los caballos van, a pie, los cuatro amigos de Diana vestidos de criados egipcios.

Godric y Diana pueden hablar dentro de la pirámide de cristal. Nadie los oye.

– Godric, ¿esta momia que llevamos aquí es Basto?

– Sí. Leda lo ha curado y ahora está profundamente dormido. No va a despertarse hasta dentro de diez años. ¡En esa época ya no nos va a causar problemas!

– ¡Diez años! ¿Y dónde vamos a poner esta momia durante todo ese tiempo? ¿En casa?

– No te preocupes. Se la vamos a prestar al Museo Arqueológico Nacional de Madrid. Seguro que la aceptan encantados.

La gente aplaude mucho cuando pasa el disfraz "Dentro de la pirámide". Lo miran, le sacan fotografías, lo graban con sus cámaras de video...

Al día siguiente, sale Braulio en la televisión nacional. Está disfrazado de criado egipcio y recoge el primer premio de disfraces del Ayuntamiento de Aldeanuela. Cuando enseña el premio a la gente que lo aplaude, está feliz.

EXPLOTACIÓN DIDÁCTICA
EJERCICIOS PARA EL ALUMNO

Lecturas de Español es una colección de historias breves, especialmente pensadas para los estudiantes de español como lengua extranjera. Los cuentos han sido escritos, teniendo en cuenta, básica pero no únicamente, una progresión gramático-funcional secuenciada en seis etapas, de las cuales las dos primeras corresponderían a un nivel inicial de aprendizaje, las dos segundas a un nivel intermedio, y las dos últimas al nivel superior. Como resultado de la mencionada secuenciación, el estudiante puede tener contacto con textos escritos "complejos" ya desde los primeros momentos del aprendizaje, y puede hacer un seguimiento más puntual de sus progresos.

Las aportaciones didácticas de ***Lecturas de Español*** son fundamentalmente dos:

- notas léxicas y culturales al margen, que permiten al alumno acceder, de forma inmediata, a la información necesaria para una comprensión más exacta del texto,

- explotaciones didácticas amplias y variadas que no se limiten a un aprovechamiento meramente instrumental del texto, sino que vayan más allá de los clásicos ejercicios de "comprensión lectora", y que permitan ejercitar tanto otras destrezas como también cuestiones puntuales de gramática y léxico. El tipo de ejercicios que aparece en las explotaciones permite asimismo llevar este material al aula, ampliando, de esa manera, el número de materiales complementarios que el profesor puede incorporar a sus clases.

Con respecto a los autores, hemos querido contar con narradores capaces de elaborar historias atractivas, pero que además sean –condición casi indispensable– expertos profesores de E/LE, para que estén más sensibilizados con el tipo de problemas con que se enfrenta un estudiante de español como lengua extranjera.

Las narraciones, que no se inscriben dentro de un mismo "género literario", **nunca son adaptaciones** de obras, **sino originales** creados *ex profeso* para el fin que persiguen, y en ellas se ha intentado conjugar tanto amenidad como valor didáctico, todo ello teniendo siempre presente al lector, una persona joven o adulta con intereses variados.

PRIMERA PARTE
Comprensión lectora

1. Aquí tienes nueve títulos para los capítulos 6 -11. Selecciona un título para cada capítulo como en el ejemplo. Ten en cuenta que sobran tres títulos.

a. Atacan a Diana.

b. Es mejor hablar que pelear.

c. Martes de carnaval.

d. Máscara.

e. Quieren raptar a Diana.

f. Rapto en la casita del bosque.

g. Un plan con éxito.

h. Un viaje maravilloso.

i. Una semana normal.

11

2. Selecciona en cada apartado la respuesta correcta como en el ejemplo.

Ejemplo. Cuando Diana va a ver a Dimas, encuentra a Céspedes...

☐ a. en la entrada del bosque.

☒ b. en la cabaña de madera.

☐ c. hablando con Braulio.

1. Las cuerdas que van a usar para raptar a Diana...

☐ a. no se ven fácilmente.

☐ b. son fantásticas.

☐ c. tienen un poder especial.

2. Desde que Diana ha hablado con Braulio, este chico...

☐ a. está enamorado de Diana.

☐ b. ha engordado.

☐ c. tiene buenos amigos.

3. La madre de Diana es...
- [ ] a. Leda.
- [ ] b. una máquina.
- [ ] c. una mujer desconocida.

4. En 1162, Aldeanuela tiene...
- [ ] a. menos bosques que en el siglo *XXI*.
- [ ] b. más habitantes que en 2008.
- [ ] c. dos relojes de sol.

5. En la Aldeanuela del pasado, Diana conoce a...
- [ ] a. Beatriz de Lozoya.
- [ ] b. Fernando II de León.
- [ ] c. Leonor de Aquitania.

6. Para el disfraz, los chicos van a hacer máscaras...
- [ ] a. con vendas especiales.
- [ ] b. de escayola.
- [ ] c. de yeso.

7. El viernes anterior al carnaval, ¿quiénes encuentran cuerdas atadas entre árboles?
- [ ] a. Godric y Diana.
- [ ] b. Diana y Leda.
- [ ] c. Leda y Godric.

8. El domingo antes de carnaval, Diana, Leda y Godric...
- [ ] a. asustan a Basto.
- [ ] b. dan una paliza a Basto.
- [ ] c. se visten de una manera especial.

9. El martes de carnaval, Diana y sus amigos...
- [ ] a. ganan el concurso de disfraces del instituto.
- [ ] b. no compiten en el concurso de disfraces del instituto.
- [ ] c. Se disfrazan de "Viudas alegres".

10. Los próximos diez años, Basto va a estar, posiblemente, en...
- [ ] a. la casa de Diana y sus padrinos.
- [ ] b. su país.
- [ ] c. un museo de Madrid.

3. Esta foto es de unas personas
que han participado en un concurso de la novela. ¿Han ganado
algún premio?

SEGUNDA PARTE
Gramática y léxico

4. **Elige en el paréntesis la opción correcta:**

Aldeanuela *(es/está/hay)* **(1)** un pueblo muy antiguo; *(es/está/hay)*
(2) noticias de él desde los tiempos de los romanos, en el siglo *I*. En la
Edad Media, sobre todo en los siglos *XII* y *XIII, (estaba/era/tenía)* **(3)**
un pueblo muy importante. De esa época, quedan las paredes de un
castillo, varias iglesias románicas, la plaza Mayor con su reloj de sol y la
mayoría de las casas que *(están/son/hay)* **(4)** en el centro del pueblo.

Aldeanuela *(es/está/tiene)* **(5)** en una pequeña, muy pequeña, montaña. El pueblo está rodeado de bosques con árboles muy grandes y anti-
guos. *(Es/Está/Tiene)* **(6)** un río donde se pueden pescar truchas y buenos prados donde *(están/hay/son)* **(7)** muchas ovejas.

En la actualidad, Aldeanuela *(está/hay/tiene)* **(8)** unos 2000 habitantes, pero los fines de semana y en periodos de vacaciones la población
se multiplica por dos. *(Llegan/Salen/Son)* **(9)** muchos turistas para ver
el pueblo y para visitar sus alrededores. También *(está/hay/viene)* **(10)**
mucha gente a pescar cuando no está prohibido sacar las truchas del
río.

En Aldeanuela *(es/está/hay)* **(11)** una piscifactoría, una fábrica de con-
servas de pescado y un taller donde se trabaja la lana. Mucha gente del
pueblo *(lleva/tiene/trae)* **(12)** grandes rebaños de ovejas.

La comida más conocida de Aldeanuela *(es/está/parece)* **(13)** el cordero asado en horno de leña. También *(están/son/venden)* **(14)** pasteles y dulces que a los turistas les gustan mucho.

Las fiestas de Aldeanuela se hacen como se hacían hace mucho tiempo, siguen mucho las tradiciones. Las fiestas de carnaval, la fiesta de los "Toros Sueltos" y la de los "Fuegos de Invierno" *(dicen/están/son)* **(15)** muy conocidas en toda la región.

5. **El texto anterior podría ser un folleto turístico. Busca en él las palabras relacionadas con arquitectura, geografía... y mételas en los cuadros.**

Arquitectura y urbanismo	Geografía	Ganadería
....	....	....
....	....	....
....	....	
....	....	

Gastronomía	Actividades económicas	Fiestas
....	....	....
....	....	....
	....	....
	....	

6. **En la novela que has leído, los personajes han dicho las siguientes frases:**

a. ¡Seguro que le pica todo el cuerpo! (Pág. 10)
b. ¡Ha sido visto y no visto! (Pág. 11)
c. ¿Y si nos disfrazamos de "museo"? (Pág. 14)
d. ¿Puede traernos unos zumos? (Pág. 15)
e. Nosotros también te hemos echado de menos. (Pág. 52)
f. ¡Vale, vale! Está bien. (pág. 54)
g. ¡Qué rabia!... ¡No es justo! (Pág. 62)
h. ¡Menos mal que nos hemos podido disfrazar...! (Pág. 62)

¿Qué frase sirve para hacer las cosas de la siguiente lista? Escribe la letra como en el ejemplo:

        Expresar acuerdo: ....
        Expresar alivio (porque no ha pasado algo que podía pasar): ....
        Expresar cariño: ....e.....
        Expresar desacuerdo: ....
        Expresar sorpresa (porque algo ha pasado muy rápidamente): ....
        Hablar de una probabilidad muy segura: ....
        Proponer una actividad: ....
        Pedir algo: ....

7. **Lee la conversación entre Diana y sus padrinos del capítulo 7 y escribe, como en el ejemplo, a quién o a qué se refieren las palabras en negrita:**
   a. **Le** ha dicho que va a buscar a su compañero de clase: .....*Leda*.....
   b. Leda **le** ha contado las cosas que...: ....
   c. Céspedes **lo** ha encontrado antes que yo: ....
   d. **Le** he acompañado a casa de sus padres: ....
   e. ... no tiene que romper**la**: ....
   f. **Le** quieren dar una caja con unos papeles: ....
   g. Ahora **los** traigo: ....
   h. Me **lo** habéis contado muchas veces: ....

TERCERA PARTE
Expresión escrita

8. **Escribe un texto de unas cien palabras en el que hables de una novela que te ha gustado mucho. En el texto di,**

   - qué libro es y por qué te ha gustado,
   - cómo son sus personajes y dónde se desarrolla la novela,
   - qué pasa en la novela.

9. En el capítulo 10, vemos que a Diana y a sus amigos no les han permitido ir al patio del instituto con el disfraz "Construcción de la iglesia de San Juan". Escribe con uno o varios compañeros el diálogo en el que los profesores dan esta noticia a los chicos y las reacciones de éstos. Luego, colgad vuestro diálogo en el corcho de la clase.

10. **Vamos a ver qué leen tus compañeros de clase y vamos a hacer varios carteles.**

   a. Completa este cuestionario:

   1. ¿Qué te gusta leer?

   ☐ Libros.
   ☐ Revistas.
   ☐ Cómics.

   2. ¿Cuántas horas dedicas a la semana a tus lecturas favoritas?

   ☐ Menos de cinco horas.
   ☐ Entre cinco y quince horas.
   ☐ Más de quince horas.

   3. ¿Qué tipo de novelas te gustan?

   ☐ De aventuras.
   ☐ De ciencia-ficción.
   ☐ De amor.

   4. ¿Qué libro te ha gustado más?

   ....
   ....
   ....

   5. Añade dos preguntas a esta lista.

   ....
   ....

   b. Compara las preguntas que tú has añadido con las de tu compañero y haced una lista con la que estéis de acuerdo los dos. Después, comparad vuestra lista con la de otros dos compañeros y haced otra lista en común. Luego comparad vuestra lista con la de otros cuatro compañeros... Al final, tiene que quedar una lista con la que estéis todos de acuerdo en clase.

c. Haz las preguntas del cuestionario a un compañero y escribe sus respuestas.

d. En grupos, leed todas las respuestas y haced un cartel con los resultados de toda la clase.

e. Únete a las personas que tienen los mismos gustos de lectura que tú y elegid una novela entre todos. Escribid un resumen de unas cinco líneas y haced un cartel de ella. Colgadlo en la clase.

CUARTA PARTE *Expresión oral*

11. **Elegid el diálogo (que habéis hecho en la actividad 9) que más os ha gustado y representadlo en clase. ¡Cuidado con la pronunciación y la entonación!**

12. **Con uno o varios compañeros, habla de los siguientes puntos:**
    - ¿Qué te gusta leer (cómics, revistas, novelas...)? ¿Por qué?
    - ¿Cuál es tu héroe/heroína favorito? ¿Por qué es especial para ti?
    - Habla de una experiencia personal (o de algún conocido) que podría contarse en una novela.

13. **Con uno o varios compañeros, habla de los siguientes puntos:**
    - ¿Te gustan las fiestas de disfraces? ¿Por qué?
    - ¿Cómo te gustaría disfrazarte en el próximo carnaval?
    - ¿Qué fiestas de carnaval importantes conocéis?

14. **En *El secreto de Diana* se habla del siglo *XII*. ¿Hay un periodo histórico que te guste más que otros? Busca entre tus compañeros a quienes tengan tus mismos gustos (por una época, un personaje, un he-**

cho histórico...), buscad información y haced una pequeña presentación ante los otros compañeros de clase.

15. En esta novela también se habla de alguna pintura (*El caballero de la mano en el pecho*), escultura (*La Dama de Elche*), arquitectura (una iglesia románica). ¿Hay alguna obra de arte que a ti te guste o te parezca interesante? Descríbesela a tus compañeros para que ellos la dibujen.

SOLUCIONES

Antes de empezar a leer

1. a. los padres con los hijos, **b.** carnaval/cualquier época del año.

2. albañil/arquitecto/carpintero/farmacéutico/químico.

3. b. F; **c.** V; **d.** F; **e.** V; **f.** F; **g.** V; **h.** F; **i.** F; **j.** F.

4. a.1. A pedro, **a.2.** me/te/le/nos/os/les/le/les. **b.1.** A los chicos. **b.2.** A la fotografía, **b.3.** A quitar el polvo.

Párate un momento

1. a. 5; **b.** 1; **c.** 4.

2. a. Alia y Dimas hacen los deberes en casa de Diana.   6°
b. Godric se va solo de viaje.   5°
c. Diana, Alicia y Dimas van a casa de Pedro.   3°
d. Diana dice que sus compañeros de clase se ríen de Braulio.   9°
e. Diana y Dimas salen a pasear a caballo.   7°
f. Leda ha visto a una persona cerca de su casa.   2°
g. Los chicos organizan su disfraz de carnaval.   4°
h. Un chico mayor hace una herida en la cabeza a Dimas.   8°
i. Una persona pasa corriendo en bicicleta al lado de Diana y Dimas. 1°

3. 2008.

4. La Dama de Elche.

5.

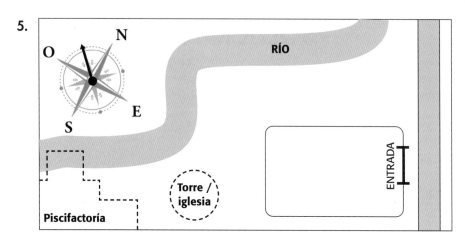

EXPLOTACIÓN DIDÁCTICA
Comprensión lectora

1. **b.** 7; **d.** 9; **e.** 6; **g.** 10; **h.** 8.

2. **1.** b; **2.** a; **3.** b; **4.** b; **5.** a; **6.** a; **7.** b; **8.** c; **9.** c; **10.** c.

3. Sí. El tercero del concurso de disfraces del instituto.

Gramática y notas

4. **(1)** es; **(2)** hay; **(3)** era; **(4)** están; **(5)** está; **(6)** Tiene; **(7)** hay; **(8)** tiene; **(9)** (Llegan); **(10)** viene; **(11)** hay; **(12)** tiene; **(13)** es; **(14)** venden; **(15)** son.

5.

Arquitectura y urbanismo	Geografía	Ganadería
• castillo • iglesia (románica) • plaza Mayor • casas del centro	• montaña • bosques • río • prados	• ovejas

Gastronomía	Actividades económicas	Fiestas
• cordero asado (en horno de leña) • pasteles y dulces	• piscifactoría • fábrica (de conservas de pescado) • taller (para trabajar la lana) • rebaños (de ovejas)	• carnaval • los Toros Sueltos • los Fuegos de Invierno

6. Expresar acuerdo: **f.** Expresar alivio (porque no ha pasado algo que podía pasar): **h.** Expresar cariño: **e.** Expresar desacuerdo: **g.** Expresar sorpresa (porque algo ha pasado muy rápidamente): **b.** Hablar de una probabilidad muy segura: **a.** Proponer una actividad: **c.** Pedir algo: **d.**

7. **b:** Godric; **c:** Braulio; **d.** Braulio; **e:** la piedra; **f:** Braulio; **g:** los papeles; **h:** que ha nacido en un laboratorio.

LECTURAS GRADUADAS

E-I Amnesia
José L. Ocasar Ariza
ISBN: 978-84-89756-72-4

E-I La peña
José Carlos Ortega Moreno
ISBN: 978-84-95986-05-4

E-I Historia de una distancia
Pablo Daniel González-Cremona
ISBN: 978-84-89756-38-0

E-I Carnaval
Ramón Fernández Numen
ISBN: 978-84-95986-91-7

E-II Paisaje de otoño
Ana M.ª Carretero Giménez
ISBN: 978-84-89756-74-8

E-II El ascensor
Ana Isabel Blanco Picado
ISBN: 978-84-89756-24-3

E-II Manuela
Eva García y Flavia Puppo
ISBN: 978-84-95986-64-1

E-II El paraguas blanco
Pilar Díaz Ballesteros
ISBN: 978-84-9848-126-6

E-II El secreto de Diana
Luisa Rodríguez Sordo
ISBN: 978-84-9848-128-0

I-I Muerte entre muñecos
Julio Ruiz Melero
ISBN: 978-84-89756-70-0

I-I Azahar
Jorge Gironés Morcillo
ISBN: 978-84-89756-39-7

I-II Memorias de septiembre
Susana Grande Aguado
ISBN: 978-84-89756-73-1

I-II La biblioteca
Isabel Marijuán Adrián
ISBN: 978-84-89756-23-6

I-II Llegó tarde a la cita
Víctor Benítez Canfranc
ISBN: 978-84-95986-07-8

I-II Destino Bogotá
Jan Peter Nauta
ISBN: 978-84-95986-89-4

I-II En agosto del 77 nacías tú
Pedro García García
ISBN: 978-84-95986-65-8

I-II Las aventuras de Tron
Francisco Casquero Pérez
ISBN: 978-84-95986-87-0

S-I Los labios de Bárbara
David Carrión Sánchez
ISBN: 978-84-85789-91-7

S-I La cucaracha
Raquel Romero Guillemas
ISBN: 978-84-89756-40-3

S-I A los muertos no les gusta la fotografía
Manuel Rebollar Barro
ISBN: 978-84-95986-88-7

S-I El encuentro
Iñaki Tarrés Chamorro
ISBN: 978-84-89756-25-0

S-II Una música tan triste
José L. Ocasar Ariza
ISBN: 978-84-89756-88-5

S-II La última novela
Abel A. Murcia Soriano
ISBN: 978-84-95986-66-5

HISTORIAS DE HISPANOAMÉRICA

E-I Presente perpetuo
Gerardo Beltrán
ISBN: 978-84-9848-035-1

E-II Regreso a las raíces
Luz Janeth Ospina
ISBN: 978-84-95986-93-1

E-II Con amor y con palabras
Pedro Rodríguez Valladares
ISBN: 978-84-95986-95-5

I-I El cuento de mi vida
Beatriz Blanco
ISBN: 978-84-9848-124-2

I-I Volver
Raquel Horche Lahera
ISBN: 978-84-9848-125-9

HISTORIAS PARA LEER Y ESCUCHAR (INCLUYE CD)

E-I Carnaval
Ramón Fernández Numen
ISBN: 978-84-95986-92-4

E-I Presente perpetuo
Gerardo Beltrán
ISBN: 978-84-9848-036-8

E-II Manuela
Eva García y Flavia Puppo
ISBN: 978-84-95986-58-0

E-II El paraguas blanco
Pilar Díaz Ballesteros
ISBN: 978-84-9848-127-3

E-II Con amor y con palabras
Pedro Rodríguez Valladares
ISBN: 978-84-95986-96-2

E-II Regreso a las raíces
Luz Janeth Ospina
ISBN: 978-84-95986-94-8

I-I Volver
Raquel Horche Lahera
ISBN: 978-84-9848-140-2

I-II En agosto del 77 nacías tú
Pedro García García
ISBN: 978-84-95986-59-7

S-II La última novela
Abel A. Murcia Soriano
ISBN: 978-84-95986-60-3

S-I A los muertos no les gusta la fotografía
Manuel Rebollar
ISBN: 978-84-95986-90-0

Niveles:

 → Elemental I   → Elemental II   → Intermedio I   → Intermedio II   → Superior I   → Superior II